Gogo ve Günışığı
Özgün Adı: Gogo e Luce del Sole
Yazan: Dafna ben Zvi
Resimleyen: Ofra Amit

Sertifika No: 10876
ISBN: 978-605-374-449-8

5. Baskı: Mayıs 2017

Türü: Resimli Çocuk Edebiyatı 74

Baskı ve Cilt:
Neşe Matbaacılık Yay. San. ve Tic. AŞ
Osmangazi Mah. Mehmet Deniz Kopuz Cad.
No: 17 3-4. Bodrum Esenyurt/İstanbul
Sertifika No: 22861
Tel: 0 212 886 83 30

Genel Dağıtım:
Final Pazarlama
Tel: 0212 604 10 00

Final Kültür Sanat Yayınları
Büyükdere Cad. Cem İş Merkezi No:23 Kat:6 Şişli / İstanbul
Tel: 0212 343 76 00

www.finalkultursanat.com
kultursanat@final.com.tr
facebook.com/FinalKulturSanat
twitter.com/Final_KSY

Dafna ben Zvi

Gogo ve Günışığı

Resimleyen: Ofra Amit

İngilizceden çeviren: Handan Sağlanmak

Bu kitabın sahibi:

....

Kasabanın uzak ucunda, bir tepenin eteklerinde,
Bahçe içinde bir ev varmış beyaz pencereleriyle,
Evin kapısındaysa şu yazarmış tüm misafirler görsün diye;

GOGO ve GÜNIŞIĞI

En iyi dostlar, burada yaşarlar...

Hiç aksatmadan her sabah saat tam yedide.
Çalar başucu saatinin alarmı bu güzel evde.
Zıplar yataktan Günışığı esneyip gerinerek.
Bir de kuyruğunu salladı mı uyanmıştır gülerek.

Ama ya Gogo? O yatar yatağında öylece.

Zıplamak, gerinmek ve kuyruk sallamak sıkıcıdır; horlamayı yeğler her seferinde.

Dans etmek ve oyun oynamak yeterince eğlenceli değildir; uyumayı ister tüm bunlar yerine.

Gogo'yu yataktan kaldıracak tek şey vardır, o da...

Taze pişmiş KEKTİR tam tadında!

Bir sabah Günışığı kalkıp bir KEK yapmış; sıcak ve tatlı.
"Hadi Gogo! Uyan ve ye şu keki!"
Ama Gogo açmamış bile gözlerini.
"Yatağıma getirir misin dilimleyip şu güzel keki?"

"Tek başıma oynamaktan sıkıldım," demiş Günışığı.
"Lütfen uyan artık. Lütfen bana arkadaşlık et."
"Tabii ki," demiş Gogo. "Arkadaşlık bu demek.
Birazdan kalkacağım, sadece birkaç dakika daha uyuyayım..."

Böylece hazırlanmaya başlamış Günışığı. Önce yemek pişirip temizlik yapmış. Sonra da bulaşıkları yıkayıp, Gogo'ya bir göz atmış...

Ama Gogo orada öylece yatıyormuş.

Günışığı beklemiş. Kendi kendine oynamış ve kitap okumuş.
Kulaklarındaki kurdeleleri düzeltmiş, kafasının üzerine kitaplar koymuş...

Ama Gogo hâlâ orada öylece yatıyormuş.

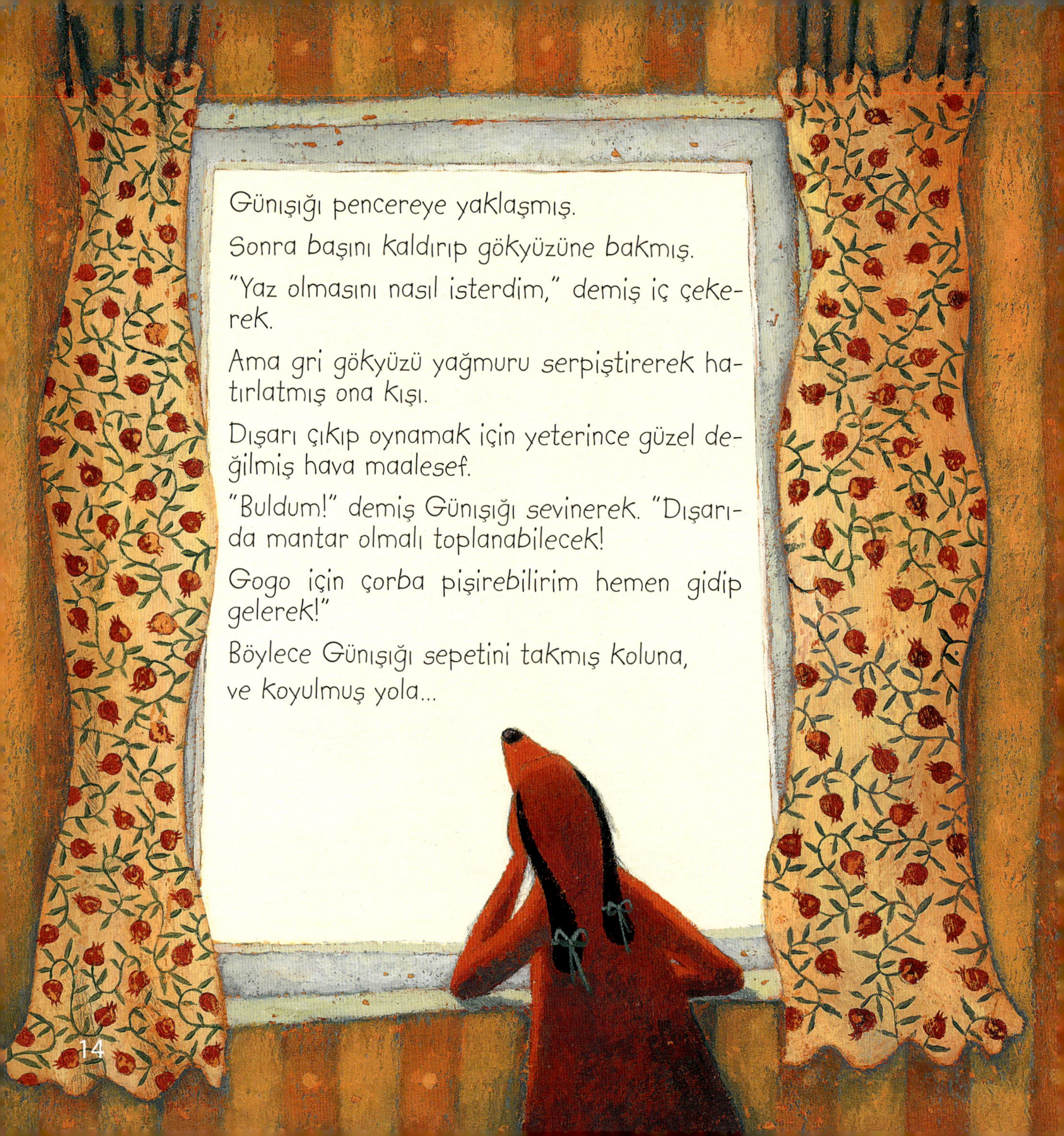

Günışığı pencereye yaklaşmış.

Sonra başını kaldırıp gökyüzüne bakmış.

"Yaz olmasını nasıl isterdim," demiş iç çekerek.

Ama gri gökyüzü yağmuru serpiştirerek hatırlatmış ona kışı.

Dışarı çıkıp oynamak için yeterince güzel değilmiş hava maalesef.

"Buldum!" demiş Günışığı sevinerek. "Dışarıda mantar olmalı toplanabilecek!

Gogo için çorba pişirebilirim hemen gidip gelerek!"

Böylece Günışığı sepetini takmış koluna,
ve koyulmuş yola...

Ve Gogo orada öylece yatıyormuş hâlâ.

Günışığı, su birikintilerinden atlayarak parkta koşmaya başlamış.
Tam da o anda, bir havlama sesi duyduğunu sanmış.
"Bu Benekli!" diye haykırmış. "Ne güzel bugün sana rastlamak!"
"Merhaba Günışığı," demiş Benekli. "İster misin benimle oynamak?"

Böylece atlayıp zıplayıp etrafta birbirlerini kovalamışlar.
Sonunda yorulup uzanana kadar durmadan oynamışlar.
"Bu eğlenceliydi," demiş Günışığı. Ama gitme vaktimdir benim.
Çorba için mantar toplamaktı asıl görevim."

Böylece ayrılmış Günışığı, yönelmiş ormanın derinliklerine.
Mantarların yetiştiği o büyük ağaç gölgelerine.
Ama bir damla düşmüş burnuna, başka bir damla daha.
"Ah olamaz!" demiş Günışığı, "Yağmur başladı yine!"

Dakikalar içinde başlamış yağmur hızlanmaya.
Üzülmüş Günışığı dışarıda bu kadar oyalandığına.
Onun her şeyden çok korktuğu şey de yağmurmuş işte!
Aslanlardan ya da kaplanlardan, hatta canavar ve hayaletlerden bile çok.

Zavallı Günışığı!
Ne ağladığını duymuş arkadaşları, ne sızlandığını.
O da yaşlı bir ağaç gövdesi bulup tırmanmış içeriye.
Ve beklemeye başlamış yağmur dinsin diye.

Peki ya Gogo? O orada öylece yatıyormuş.

Öğle yemeği saatinde gözlerini açmış esneyerek.
"Yemek yok mu?" Yatmış hemen yeniden yerine devrilerek.
Akşam olduğunda uyanmış mide ağrısıyla.
Ne de olsa, tüm gün yediği iki dilim kekmiş yalnızca.
"Günışığı da nerede? Hiç gitmezdi dolaşmaya.
Böylesine karanlık, soğuk ve yağmurlu bir havada.
Hemen döner umarım," demiş uzanarak.
"Bu arada kestireyim biraz şuracığa yatarak."

Gece yarısı olduğunda uyanmış Gogo bir anda.
Deli gibi atıyormuş kalbi gördüğü bir kâbusla.
"Günışığı?" diye seslenmiş etrafta görünmeyen arkadaşına.
Sonra karar vermiş, ARTIK KALKMA VAKTİ OLDUĞUNA.

Önce evi aramaya başlamış.
Duvarların tepesine bakmış, koltukların altına.
Günışığı'nın girebileceği her bir köşeyi alt üst etmiş.
Mutfağa bakmış ve her kapının arkasına.
Bulamamış arkadaşını ne kadar arasa da.

Günışığı hiçbir yerde yokmuş.

Böylece bizim cesur minik kedi, atmış kendini dışarıya,
Hava HİÇ İYİ OLMASA da düşünmeden ikinci bir kez daha.
Koşmuş durmuş, su birikintilerinin üzerinden yağmurun altında.
Ve seslenmiş hiç durmadan Günışığı'na.

"Günışığı mı?" demiş başını topraktan çıkaran bir köstebek.
Bakmış önündeki kediye kıs kıs gülerek.
"Bir kış gecesinde ve böylesi bir fırtınanın içinde.
Ne büyük sersemliktir günışığı dilemek!"

Ama bir başkası işitmiş Gogo'nun bağrışlarını.
Benekli çıkmış saklandığı yerden dışarı.
"Ben dün sabah gördüm Günışığı'nı.
Mantar topluyordu, hızlanmaya başlamadan yağmurun yağışı."
"Mantar mı?" diye sormuş Gogo, "O hâlde gitmiş olmalı ormanın derinliklerine!
Mantarlar orada büyür; ağaçların gölgesinde!"

"Günışığı! Günışığı! Nereye kayboldun?"
Sabahın ilk ışıklarıyla aydınlanmış gökyüzü yeniden.
Güneş parlıyormuş bir kez daha tepelerden.
Ama hâlâ eser yokmuş ONLARIN sevdiği Günışığı'ndan.

Birden acıklı bir iç çekiş duymuş Gogo ve Benekli.
İşte o ağacın kovuğundan bakıyormuş Günışığı'nın minik gözleri.
"Günışığı!" diye bağırmışlar aynı anda.
Tutarak patilerinden çıkarmışlar, Günışığı'nı ağacın kovuğundan.

"Zavallı Günışığı! Senin için öyle endişelendik ki!" demiş Gogo.
Burnunu çekip sümkürmüş Günışığı yalnızca.
"Hemen yatağa yatırmalı bu hastayı!" demiş Benekli de.

Yavaş yavaş yürümüşler tepeden evlerine doğru.
"Yakında sizi ziyaret edeceğim!" demiş Benekli. "Unutmayın bu sözümü."

"Ah Gogo! Benim için geldin buralara kadar!" demiş Günışığı mutlulukla.
"Tabii ki, sen benim en iyi arkadaşımsın," demiş Gogo karşılığında.
"Senin için dünyanın diğer ucuna kadar giderim.
Orada öylece yatacak değildim ya."

Ve nihayet eve geldiklerinde
Gogo demlemiş çayı, ateş üzerinde.
Günışığı'nı yatırmış dinlensin diye olabildiğince.
Öylesine meşgulmüş ki Gogo, hiç uyumamış.
Arkadaşını unutmayıp taze bir kek bile pişirmiş!

İşi bittiğinde bir kitap almış eline.
Okumak için Günışığı'na, ama o da ne!
Günışığı çoktan dalmış uykuya ve yatmış orada öylece.

"İyi uykular Günışığı, tatlı rüyalar arkadaşım."
Gogo, Günışığı'na sarılmış.
Ve böylece SON bulmuş bu hikâye de.